Lucile Combaz-Wies
Paul Frappé

Impact des médias sur les motifs de consultation en médecine générale

Lucile Combaz-Wies
Paul Frappé

Impact des médias sur les motifs de consultation en médecine générale

Etude du lien entre médias et médecine

Presses Académiques Francophones

Impressum / Mentions légales
Bibliografische Information der Deutschen Nationalbibliothek: Die Deutsche Nationalbibliothek verzeichnet diese Publikation in der Deutschen Nationalbibliografie; detaillierte bibliografische Daten sind im Internet über http://dnb.d-nb.de abrufbar.
Alle in diesem Buch genannten Marken und Produktnamen unterliegen warenzeichen-, marken- oder patentrechtlichem Schutz bzw. sind Warenzeichen oder eingetragene Warenzeichen der jeweiligen Inhaber. Die Wiedergabe von Marken, Produktnamen, Gebrauchsnamen, Handelsnamen, Warenbezeichnungen u.s.w. in diesem Werk berechtigt auch ohne besondere Kennzeichnung nicht zu der Annahme, dass solche Namen im Sinne der Warenzeichen- und Markenschutzgesetzgebung als frei zu betrachten wären und daher von jedermann benutzt werden dürften.

Information bibliographique publiée par la Deutsche Nationalbibliothek: La Deutsche Nationalbibliothek inscrit cette publication à la Deutsche Nationalbibliografie; des données bibliographiques détaillées sont disponibles sur internet à l'adresse http://dnb.d-nb.de.
Toutes marques et noms de produits mentionnés dans ce livre demeurent sous la protection des marques, des marques déposées et des brevets, et sont des marques ou des marques déposées de leurs détenteurs respectifs. L'utilisation des marques, noms de produits, noms communs, noms commerciaux, descriptions de produits, etc, même sans qu'ils soient mentionnés de façon particulière dans ce livre ne signifie en aucune façon que ces noms peuvent être utilisés sans restriction à l'égard de la législation pour la protection des marques et des marques déposées et pourraient donc être utilisés par quiconque.

Coverbild / Photo de couverture: www.ingimage.com

Verlag / Editeur:
Presses Académiques Francophones
ist ein Imprint der / est une marque déposée de
OmniScriptum GmbH & Co. KG
Heinrich-Böcking-Str. 6-8, 66121 Saarbrücken, Deutschland / Allemagne
Email: info@presses-academiques.com

Herstellung: siehe letzte Seite /
Impression: voir la dernière page
ISBN: 978-3-8381-4656-0

Zugl. / Agréé par: Saint-Etienne, Université Jacques Lisfranc, 2013

Copyright / Droit d'auteur © 2014 OmniScriptum GmbH & Co. KG
Alle Rechte vorbehalten. / Tous droits réservés. Saarbrücken 2014

A Anne, Carole, Annelyse

Sommaire

Résumé 5

Abstract 7

Introduction 9

Résultats 14

Discussion 21

Conclusion 24

Liens d'intérêts 25

Bibliographie 26

Annexe 1 : Questionnaire médecins 33

Annexe 2 : Titres courts de la CISP-2 34

Annexe 3 : Répartition géographique des investigateurs ECOGEN ... 56

Annexe 4 : Tendances de recherche Google 57

Résumé

Objectif : L'objectif principal de notre étude était de rechercher un lien entre la médiatisation des sujets de santé et les motifs de consultation en médecine générale.

Matériel et Méthodes : Cette étude est un travail ancillaire de l'étude ECOGEN. L'étude ECOGEN est une enquête transversale multicentrique nationale réalisée en 2011-2012. Cinquante-quatre internes en stage chez 128 médecins généralistes y ont participé comme investigateurs. Un jour par semaine, les motifs de consultation de tous les patients se présentant au cabinet ont été codés selon la CISP-2. La médiatisation des sujets de santé a été documentée par le recueil, pendant l'ensemble de l'étude ECOGEN, de toutes les dépêches santé éditées par l'Agence France presse. Le critère de jugement comparait le nombre de motifs de consultation en rapport avec l'évènement entre les 15 jours précédant et les 15 jours de survenue de l'évènement.

Résultats : Entre le 28 novembre 2011 et le 30 avril 2012, 22 781 consultations et 11 021 dépêches AFP ont été recueillies. L'analyse a porté sur 12 évènements médiatiques, documentés par 1 000 dépêches. Ces évènements relataient des scandales, des actualités sanitaires, des problèmes de santé de personnalités. Le seul évènement significatif concernait un évènement peu spécifique ; la tumeur pulmonaire d'une personnalité politique (*p*=0.014). Les autres n'ont pas montré d'impact sur les motifs de consultation.

Conclusion : Si les évènements médiatisés avaient un impact sur les motifs de consultation, celui-ci serait probablement limité et concernerait des évènements rares, portant sur des sujets particulièrement impliquant.

Abstract

Objective: The aim of this study was to assess the link between media coverage on health topics and reasons for general practice consultations.

Methods: This study is an ancillary analysis of the ECOGEN study. The ECOGEN study is a national multicentre cross-sectional study, performed in 2011-2012. Fifty-four residents participated in as investigators. One day per week, all reasons for consultation have been collected and coded with ICPC-2. Media coverage was documented by the collection, during the whole study period, of all newswires from the France Press Agency. For each mediatized health event, the main judgement criterion was the comparison of the number of reasons for consultation between the 15 previous and 15 following days.

Results: Between November 28, 2011 and April 30, 2012, 22,781 consultations and 11,021 newswires have been collected. Twelve health events have been analyzed, documented by 1,000 newswires. These events were related to health scandals, personalities health problems, and health news. The only mediatized event which showed a significant link with the number of reasons of consultation was not a very specific one; the pulmonary tumor of a politician ($p=0.014$).

Conclusion: If mediatized events had an impact on reasons for consultation, this impact would probably be limited and would concern rare events, on particularly involving issues.

Introduction

La santé fait partie des principaux centres d'intérêts des Français (1). Parmi les multiples vecteurs d'information utilisés par les patients, Internet représente la deuxième source après le médecin (2-4). Le nombre de patients qui parlent de leurs recherches à leur médecin reste indéterminé (5). 65% déclarent inutile d'en parler puisqu'il s'agit simplement pour eux de satisfaire à leur curiosité (4). Pourtant, les patients semblent considérer comme fiables les informations qui y circulent, et les prendre en compte dans leurs décisions (5, 7).

La télévision reste le premier média utilisé. Elle est regardée, en moyenne, 3 heures 40 minutes par jour. Le nombre des émissions de santé a été multiplié par 4 entre 1990 et 2002 (8-10). Initialement axées sur le domaine scientifique, le contenu de ces émissions s'est progressivement vulgarisé. Les scandales sanitaires tels que le sang contaminé, l'amiante ou la canicule, ont aussi ouvert une dimension sociale, économique et politique (11-14).

Par leur omniprésence, les médias peuvent particulièrement amplifier et dramatiser une information, intervenant ainsi dans la définition d'un risque sanitaire (15, 16). De multiples études ont été réalisées pour évaluer l'influence des publicités et des campagnes de prévention (17). Beaucoup retrouvent un impact sur la consommation de soins générale. Très peu distinguent les comportements des patients et ceux des médecins (18-26). Ainsi, par exemple, une étude portant sur l'épidémie de grippe H1N1 a retrouvé un lien statistique entre les pics de médiatisation de cette pathologie et le nombre de consultations en ville (27).

Nous n'avons trouvé qu'une seule étude s'intéressant à l'impact général des médias sur les motifs de consultation. Elle rapporte une augmentation des motifs de consultation suite à une campagne pour la prévention contre le mélanome (28).

L'objectif principal de notre étude était de rechercher un lien entre la médiatisation des sujets de santé et les motifs de consultation en médecine générale.

Matériel et méthodes

Cette étude ancillaire a utilisé la base de données ECOGEN. L'étude ECOGEN est une enquête transversale multicentrique nationale réalisée en 2011-2012. Son objectif principal était de décrire la distribution des motifs de consultation associés aux principaux problèmes de santé pris en charge en médecine générale. Cinquante-quatre internes en stage chez 128 médecins généralistes ont participé comme investigateurs. Un jour par semaine, ils ont relevé les motifs de consultation de tous les patients se présentant au cabinet. Tout patient pouvait être inclus, quel que soit son âge et son motif de consultation. Seuls les patients refusant la présence de l'interne ou refusant de participer à l'étude ont été exclus.

Les motifs de consultation ont été codés par les investigateurs selon la Classification Internationale des Soins Primaires (CISP-2). Tous les internes investigateurs ont préalablement suivi un jour et demi de formation au codage. Leur saisie était validée par le contre-codage d'un expert de la CISP-2 à partir d'une consultation enregistrée.

La médiatisation des sujets de santé a été documentée par le recueil, pendant l'ensemble de l'étude ECOGEN, de toutes les dépêches santé éditées par l'Agence France presse (AFP). Ces dépêches ont été recherchées avec le mot-clé « santé » dans les catégories « générale », « documentaire » et « internationale » du site de l'AFP. Les dépêches recueillies ont été regroupées par évènements. Chaque évènement a été codé selon la CISP-2. La date de survenue de l'évènement était définie comme le jour où le plus grand nombre de dépêches AFP était comptabilisé. Les évènements médiatiques pertinents ont ensuite été sélectionnés par consensus entre les deux chercheurs. Les critères d'exclusion des évènements étaient : l'absence d'impact potentiel sur les motifs de consultation, les évènements survenus trop précocement ou trop tardivement pour permettre une analyse de type avant-après, les évènements donnant lieu à moins de 10 dépêches dans les 15 jours suivant leur date d'apparition, et les évènements dont la médiatisation régulière ne permettait pas d'isoler un « pic de médiatisation ». Ces derniers évènements, dits « chroniques », étaient définis comme des évènements dont moins de 40% des dépêches paraissaient dans les 15 jours suivant leur date d'apparition.

Le critère de jugement comparait le nombre de motifs de consultation en rapport avec un évènement. L'étude s'effectuait pendant les 15 jours qui précédaient et suivaient le début des évènements.

L'analyse a été réalisée à l'aide du logiciel IBM SPSS statistics© version 19 (IBM corporation, New York, USA). Des tests T pour données appariées ont été utilisés pour comparer au sein de chaque cabinet le taux de motifs avant/après. Le seuil de significativité a été fixé pour un $p<0,05$, en situation bilatérale. Les proportions sont présentées en pourcentages, et les variables quantitatives en moyennes et déviations standard.

L'étude a été conduite en accord avec la déclaration d'Helsinki (amendement d'Hong-Kong), les règles de bonnes pratiques cliniques (recommandations européennes) et les dispositions législatives et réglementaires françaises. Le Comité de Protection des Personnes de Lyon a approuvé le protocole de l'étude ECOGEN. Tous les patients étaient informés par affichage qu'ils pouvaient s'opposer à leur inclusion.

Résultats

Entre le 28 novembre 2011 et le 30 avril 2012, 22 781 consultations ont été codées chez les 128 maîtres de stage universitaires (MSU). Les caractéristiques des MSU et des patients inclus sont décrites dans les tableaux 1 et 2. Il y a 168 consultations où l'interne a été refusée. Les motifs de consultation les plus fréquents étaient : « médication/ prescription /injection », « épisode initié par le dispensateur », « rencontre de suivi ».

Tableau 1. Caractéristiques des maîtres de stages universitaires (n=128)

Caractéristiques		
Age, années, *moyenne (écart-type)*	52	(+/-8.2)
Sexe, *n (%)*		
Hommes	85	(66.4%)
Femmes	43	(33.6%)
Lieu d'exercice, *n (%)*		
Urbain	66	(51.6%)
Semi-rural	33	(25.8%)
Rural	29	(22.7%)
Secteur conventionnel, *n (%)*		
Secteur 1	118	(92.2%)
Secteur 2	10	(7.8%)
Mode d'exercice, *n (%)*		
Cabinet de groupe	101	(78.9%)
Isolé	27	(21.1%)
Nombre de consultations annuel, *moyenne (écart-type)*	5 188	(+/-1 708)

Tableau 2. Caractéristiques des consultations de patient

Caractéristiques	Total de consultations (N=20613)
Age, années, *moyenne (écart-type)*	47 (+/-26)
Sexe, *n (%)*	
Homme	8 618 (42%)
Femme	11 995 (58%)
Patient connu, *n (%)*	19 635 (95%)
Etudiant, *n (%)*	594 (3%)
Profession, *n (%)*	
Agriculteur	74 (0,4%)
Artisan commerçant	571 (3%)
Cadre supérieur / profession intellectuelle	1 036 (5%)
Profession intermédiaire	1 229 (6%)
Employé	3 972 (19%)
Ouvrier	815 (4%)
Retraité	6 766 (33%)
Sans activité professionnelle	6 150 (30%)
Situation particulière des patients, *n (%)*	
Aucune	14 366 (70%)
Affection Longue Durée	4 760 (23%)
Accident du Travail	445 (2%)
CMU	857 (4%)
Invalidité	330 (2%)
Maladie Professionnelle	79 (0,4%)
AME	55 (0,3%)

CMU : couverture médicale universelle, AME : aide médicale d'état

Sur la même période, 11 021 dépêches AFP ont été recueillies, dont 4 395 relevaient du domaine de la santé. 3 395 ont été exclues de l'analyse : 2 325 du fait de l'absence d'impact potentiel sur les motifs de consultation, 292 parce qu'elles concernaient des évènements survenus trop précocement ou trop tardivement, 148 parce qu'elles décrivaient des évènements donnant lieu à moins de 10 dépêches dans les 15 jours suivant leur apparition, 630 parce qu'elles concernaient des évènements dits « chroniques ». L'analyse a porté sur 1 000 dépêches décrivant 12 évènements. Ces évènements relataient des scandales sanitaires (l'affaire Médiator®, les prothèses mammaires Poly Implant Prothèse®, les risques sanitaires liés aux pesticides commercialisés par Monsanto®, le procès italien sur l'exposition à l'amiante), des problèmes de santé de personnalités (la récidive du cancer de Hugo Chavez, le cancer du larynx de l'ex-président brésilien Lula, la tumeur pulmonaire de Pierre Mauroy, l'évocation d'un accident vasculaire cérébral chez Michel Rocard, l'anosognosie et le début de démence de Jacques Chirac), et des actualités sanitaires (la vague de froid en France en janvier 2012, l'accessibilité de la pilule contraceptive aux Etats-Unis, traitements expérimentaux, causes, et craintes de la maladie d'Alzheimer) (Tableau 3).

Tableau 3. Caractéristiques des évènements analysés

Evènement	Nombre total de dépêches	Date de l'évènement	Nombre de dépêches dans les 15 jours suivant	Taux de dépêches sur 15 jours (%)
Scandales sanitaires				
Médiator®	45	02/02/2012	18	40
PIP®	458	23/12/2011	199	43
Pesticides Monsanto®	35	13/02/2012	18	51
Procès amiante	65	09/02/2012	34	52
Santé des personnalités				
Cancer H. Chavez	123	21/02/2012	56	46
Cancer L. Lula	20	28/03/2012	10	50
Cancer P. Mauroy	10	13/04/2012	10	100
Malaise M. Rocard	13	30/03/2012	13	100
Troubles cognitifs J.Chirac	16	15/12/2011	16	100
Actualités sanitaires				
Vague de froid	125	31/01/2012	123	98
Pilule aux Etats-Unis	43	23/02/2012	19	44
Alzheimer	47	31/01/2012	39	83

Sur les 12 évènements analysés, seul l'évènement « cancer du poumon de Pierre Mauroy » est apparu significativement lié aux motifs de consultation (p=0.014). Les résultats complets sont décrits dans le tableau 4.

Tableau 4. Analyse des phénomènes

Nom du phénomène	p value
Scandales sanitaires	
médiator	0,108
PIP	0,234
Pesticides Monsanto	0.558
Procès amiante	0.562
Santé personnalité	
Cancer H. Chavez	0.084
Cancer L. Lula	0.409
Cancer P. Mauroy	0.014
Malaise M. Rocard	0.287
Troubles cognitifs J. Chirac	0.621
Actualités sanitaires	
Vague de froid	0.577
Accessibilité Pilule aux USA	0.467
Alzheimer	0.499

Discussion

Aucun évènement de type scandale ou actualité sanitaire n'a montré d'impact significatif, sur les motifs de consultation en médecine générale. Le seul évènement qui avait un impact, concernait la tumeur pulmonaire d'une personnalité politique.

Malgré la puissance apportée par les 22 781 consultations analysées, plusieurs biais peuvent être discutés dans cette étude.
Le codage des dépêches n'a pas été validé par une deuxième personne, ce qui peut entrainer un biais de sélection. L'équation de recherche et les critères d'éligibilité limitent cependant l'impact de ce biais.
Pour qu'un motif soit codé, le patient devait clairement exprimer une demande, et celle-ci devait entraîner une procédure ainsi qu'un résultat de consultation. Certains motifs traitant de l'actualité médicale ont pu être exprimés lors d'échanges informels, et ne pas avoir été codés dans notre étude (29).
La période de recueil, limitée à 5 mois, a pu être trop courte pour inclure un évènement d'impact plus significatif, du type de l'épisode de grippe H1N1. Les évènements analysés et leurs dates d'apparition sont cependant corroborés par les tendances Google Trends, qui mesurent le nombre de recherches internet sur un sujet (Annexe 5).

Notre stratégie de recherche des dépêches a été réalisée au niveau international. Selon la littérature, l'impact d'un évènement médiatique sur une population est plurifactoriel, intégrant le contexte social, économique et politique. Les populations seraient surtout sensibles aux informations qui les concernent et les inquiètent (16, 17). Il aurait peut-être été plus pertinent dans notre étude d'exclure les évènements qui ne concernaient que les pays étrangers.

De nombreuses études ont montré l'impact des médias de masse sur la consommation de soins générale. C'est le cas par exemple pour la pandémie de grippe H1N1 (27), pour les campagnes de prévention et pour les publicités pour des traitements (19-26). Le caractère commun à ces évènements est la mise en exergue d'un risque direct ou l'apport d'une solution médicale (15). Notre analyse étudiait des évènements généraux qui représentaient un risque probablement considéré comme lointain. Bien qu'ayant fait grand bruit, le scandale PIP® aura sûrement intéressé peu de patients. En effet, seules 30.000 femmes sont porteuses de prothèses PIP® en France, contre 300.000 dans le monde selon l'Agence nationale de sécurité du médicament et des produits de santé (30).
Nous n'avons pas trouvé d'argument de validité externe qui puisse soutenir l'impact significatif retrouvé pour l'évènement « cancer du poumon de Pierre Mauroy ». L'hypothèse d'un effet particulier de cet évènement nécessiterait une étude spécifique pour être

affirmée. Il est probable que ce résultat tienne plutôt au risque alpha et à son inflation lors d'analyses répétées.

Les résultats négatifs de cette étude suggèrent que si les évènements médiatisés avaient un impact sur les motifs de consultation, celui-ci serait limité et concernerait probablement des évènements rares, portant sur des sujets marquant.

Au-delà du recensement des motifs de consultation réalisé par l'étude ECOGEN, cette étude ouvre le champ à des travaux complémentaires s'intéressant aux facteurs motivant les patients à consulter leur médecin traitant, notamment par des méthodes de recherche qualitative.

Conclusion

Dans cette étude nationale portant sur 22 781 consultations de médecine générale, aucun évènement médiatique de type scandale ou actualité sanitaire n'a montré d'impact significatif sur les motifs de consultation. Le seul évènement significatif concernait un évènement peu spécifique ; la tumeur pulmonaire d'une personnalité politique.

Si les évènements médiatisés avaient un impact sur les motifs de consultation, celui-ci serait probablement limité et concernerait des évènements rares et portants sur des sujets particulièrement impliquant.

Liens d'intérêts

L'étude ECOGEN a été financée par le laboratoire Pfizer® et par le Collège National des Généralistes Enseignants CNGE Conseil.

Bibliographie

1. Institut National de Prévention et d'Éducation pour la Santé. La prévention en question: attitudes à l'égard de la santé, perceptions des messages préventifs et impact des campagnes. Evolutions [08/04/2013]. http://www.inpes.sante.fr/CFESBases/catalogue/pdf/1242.pdf.

2. Edwards M, Davies M, Edwards A. What are the external influences on information exchange and shared decision-making in healthcare consultations: a meta-synthesis of the literature. Patient Educ Couns 2009;75(1):37-52.

3. Cohen D. Internet a-t-il changé la relation médecin patient du point de vue du médecin généraliste ? Thèse méd. Paris, Université Paris 7 Denis Diderot, 2009 :148.

4. Institut Politique de Sondages et d'Opinions Sociales. Les conséquences des usages d'internet sur les relations patients-médecins. Sondage effectué pour le Conseil National de l'Ordre des médecins [28/12/2012]. http://www.conseil-national.medecin.fr/sites/default/files/sondage%20internet%20CNOM%202010.pdf

5. Haute autorité de santé. Le patient internaute: revue de la littérature, Mai 2007 [28/12/2012].
http://www.has-sante.fr/portail/upload/docs/application/pdf/patient_internaute_revue_litterature.pdf

6. Forkner-Dunn J. Internet-based Patient Self-care: The Next Generation of Health Care Delivery. J Med Internet Res 2003;5(2):e8.

7. Lagace M, Elissalde J, Renaud L. L'utilisation des médias francophones du Québec et la perception des messages sur la santé, l'alimentation et l'activité physique : résultats de sondages dans la population. In: Renaud L. Les médias et la santé: de l'émergence à l'appropriation des normes sociales. 1° édition. Québec : Presses de l'Université du Québec ; 2010:323-42.

8. Maresca B, Picard R, Pilorin T. Dépenses culture-médias des ménages en France au milieu des années 2000 : une transformation structurelle [16/04/2013].
http://www2.culture.gouv.fr/culture/deps/2008/CE-2011-3-site.pdf

9. Conseil supérieur de l'audiovisuel. Les chiffres clés de l'audiovisuel français [01/01/2013]. http://www.csa.fr/Etudes-et-publications/Les-chiffres-cles/Les-chiffres-cles-de-l-audiovisuel-francais-Edition-du-1er-semestre-2012.

10. Romeyer H. La santé à la télévision : émergence d'une question sociale. Questions de communication 2007 [15/12/2012]. http://questionsdecommunication.revues.org/3161.

11. Marchetti D. Contribution à une sociologie des transformations du champ journalistique dans les années 80 et 90. A propos d' "événements sida" et du "scandale du sang contaminé". Thèse doct. Sociologie. Paris, EHESS, 1997.

12. Arnoult A. La médiatisation des troubles liés à l'adolescence dans la presse quotidienne nationale française (1995-2009). Thèse en Sciences de l'information et de la communication. Lyon, Université Lumière Lyon 2, 2011:21787.

13. Brard D. La fabrique médiatique de la canicule d'août 2003 comme problème public. Mémoire de DEA de Sociologie Politique. Paris, Université Paris, 2004 :3.

14. Henry E. Un scandale improbable – Amiante : d'une maladie professionnelle à une crise de "santé publique". Thèse doct. Sciences de l'Information et de la Communication. Compiègne, Université de technologie, 2000 :1294

15. Joffe H. Risk, communication and health. Hermes 2005;14:121-131.

16. Pierret J. Entre santé et expérience de la maladie. Psychotropes 2008;2(14):47-59.

17. Nattinger AB, Hoffmann RG, Howell-Pelz A, Goodwin JS. Effect of Nancy Reagan's mastectomy on choice of surgery for breast cancer by US women. JAMA 1998;279(10):762–6.

18. Gilbody S, Wilson P, Watt I. Benefits and harms of direct to consumer advertising: a systematic review. Qual Saf Health Care 2005;14(4):246–250.

19. Kravitz RL, Epstein R, Feldman MD et al. Influence of Patients' Requests for Directly Advertised Antidepressants: A Randomized Controlled Trial. JAMA 2005;293(16):1995-2002.

20. Liang BA, Mackey TK. Prevalence and Global Health Implications of Social Media in Direct-to-Consumer Drug Advertising. J Med Internet Res 2011;13(3) :e64.

21. Meredith B, Rosenthal P, Ernst R et al. Promotion of Prescription Drugs to Consumers. N Engl J Med 2002;346(7):498-505.

22. Mintzes B, Barer M.L, Kravitz R.L et al. A How does direct-to-consumer advertising (DTCA) affect prescribing? A survey in

primary care environments with and without legal DTCA. CMAJ 2003;169(5):405–412.

23. Robinson AR, Hohmann KB, Rifkin JI, Topp D, Gilroy CM, Pickard JA, Anderson RJ. Direct-to-consumer pharmaceutical advertising: physician and public opinion and potential effects on the physician-patient relationship. Arch Intern Med 2004;164(4):427-32.

24. United States General Accounting Office. FDA oversight of direct-to-consumer advertising has limitations. 2002 [28/12/2012]. http://www.gao.gov/new.items/d0754.pdf

25. ZachryIII WM, Shepherd MD, Hinich MJ, Wilson JP, Brown CM, Lawson KA. Relationship between direct-to-consumer advertising and physician diagnosing and prescribing. Am J Health-Syst Pharm 2002;59(1):42-49.

26. Grilli R, Ramsay C, Minozzi S. Mass media interventions: effects on health services utilisation. Cochrane Database Syst Rev 2002; (1):CD000389.

27. Keramarou M, Cottrell S, Evans MR, et al. Two waves of pandemic influenza A (H1N1) 2009 in Wales--the possible impact of media coverage on consultation rates, April-December 2009. Euro Surveill 2011;6(3) pii=19772.

28. Lowe JB, Balanda KP, Del Mar CB, Purdie D, Hilsdon AM. General practitioner and patient response during a public education program to encourage skin examinations. Med J Aust. 1994;161(3):195–8.

29. Jouanin S. Fréquence et analyse des demandes de fin de consultation en médecine générale. Thèse méd. Lyon, Université Claude Bernard Lyon 1, 2006 :137.

30. Agence nationale de sécurité du médicament et des produits de santé. Données PIP mise à jour des signalements de matériovigilance [08/04/2013].
http://ansm.sante.fr/var/ansm_site/storage/original/application/247cb84c207123c22ae4aa0ea39afbbd.pdf.

Annexe 1 : Questionnaire médecins

ECOGEN – Questionnaire médecin MSU

1. Votre âge : |____| ans
2. Sexe : Féminin ❑ Masculin ❑
3. Milieu d'exercice : Rural ❑ Semi-rural ❑ Urbain ❑
4. Lieu d'exercice : _____ Code postal : |_____|
6. Secteur conventionnel : Secteur 1 ❑ Secteur 2 ❑ Secteur 3 ❑
7. Mode d'exercice : En solo ❑ En groupe médical ❑
   En groupe pluriprofessionnel ❑ En Centre de santé ❑
8. Nombre annuel de consultations : |_____| (Selon les données du RIAP annuel 2010)
9. Recevez-vous les visiteurs médicaux ? Oui ❑ Non ❑
   Si oui, nombre moyen de visiteurs par semaine : |____|
10. Recevez-vous les délégués de l'assurance maladie (DAM) ? Oui ❑ Non ❑
    Si oui, nombre moyen de visites par an : |____|
11. Avez-vous adhéré au CAPI ? Oui ❑ Non ❑

Annexe 2 : Titres courts de la CISP-2

ICPC-2 – French
International Classification of
Primary Care – 2nd
Edition Wonca International Classification Committee
(WICC)
Procédures

-30 Ex médical/bilan santé détaillé
-31 Ex médical/bilan santé partiel
-32 Test de sensibilité
-33 Ex microbiologique/immunologique
-34 Autre analyse de sang
-35 Autre analyse d'urine
-36 Autre analyse de selles
-37 Cytologie/histologie
-38 Autre analyse de laboratoire
-39 Epreuve fonctionnelle
-40 Endoscopie
-41 Radiologie diagnostique/imagerie
-42 Tracé électrique
-43 Autre procédure diagnostique
-44 Vaccination/médication préventive
-45 Recom./éducation santé/avis/régime
-46 Discussion entre dispensateurs SSP
-47 Discussion dispensateur spécialiste
-48 Clarification de la demande du patient
-49 Autre procédure préventive
-50 Médication/prescription/injection
-51 Incision/drainage/aspiration
-52 Excision/biopsie/cautér/débridation
-53 Perfusion/intubat./dilatat./appareillage
-54 Répar/fixation/suture/plâtre/prothèse
-55 Traitement local/infiltration
-56 Pansement/compression/bandage
-57 Thérapie manuelle/médecine physique
-58 Conseil thérap/écoute/examens
-59 Autres procédures thérapeutiques

-60 Résultats analyses/examens
-61 Résultats ex/procéd autre dispensateur
-62 Contact administratif
-63 Rencontre de suivi
-64 Epis. nouveau/en cours init. par disp.
-65 Epis. nouveau/en cours init. par tiers
-66 Référence à dispens. SSP non médecin
-67 Référence à médecin
-68 Autre référence
-69 Autres procédures

Général et non spécifié
A
A01 Douleur générale/de sites multiples
A02 Frissons
A03 Fièvre
A04 Fatigue/faiblesse générale
A05 Sensation d'être malade
A06 Evanouissement/syncope
A07 Coma
A08 Gonflement
A09 P. de transpiration
A10 Saignement/hémorragie NCA
A11 Douleur thoracique NCA
A13 Préoc. par/peur traitement médical
A16 Nourrisson irritable
A18 Préoc. par son aspect extérieur
A20 Demande/discussion sur l'euthanasie
A21 Facteur de risque de cancer
A23 Facteur de risque NCA
A25 Peur de la mort, de mourir
A26 Peur du cancer NCA
A27 Peur d'une autre maladie NCA
A28 Limitation de la fonction/incap. NCA
A29 Autre S/P général
A70 Tuberculose
A71 Rougeole
A72 Varicelle
A73 Paludisme

A74 Rubéole
A75 Mononucléose infectieuse
A76 Autre exanthème viral
A77 Autre maladie virale NCA
A78 Autre maladie infectieuse NCA
A79 Cancer NCA
A80 Traumatisme/lésion traumat. NCA
A81 Polytraumatisme/lésions multiples
A82 Effet tardif d'un traumatisme
A84 Intoxication par subst. médicinale
A85 Effet sec. subst. médicinale
A86 Effet toxique subst. non médicinale
A87 Complication de traitement médical
A88 Effet sec. de facteur physique
A89 Effet sec. de matériel prothétique
A90 Anom. congénitale NCA/multiple
A91 Résultat d'investigat. anormale NCA
A92 Allergie/réaction allergique NCA
A93 Nouveau-né prématuré
A94 Autre morbidité périnatale
A95 Mortalité périnatale
A96 Mort
A97 Pas de maladie
A98 Gestion santé/médecine préventive
A99 Maladie de nature/site non précisé

Sang, syst. hématop/immunol.
B
B02 Ganglion lymph. augmenté/ douloureux
B04 S/P du sang
B25 Peur du SIDA/du VIH
B26 Peur du cancer du sang/lymph.
B27 Peur autre maladie sang/lymph/rate
B28 Limitation de la fonction/incap. (B)
B29 Autre S/P du syst. lymph./immunol.
B70 Adénite aiguë
B71 Adénite chronique/non-spécifique
B72 Maladie de Hodgkin/lymphome
B73 Leucémie

B74 Autre cancer du sang
B75 Tumeur bénigne/indét. sang/lymph.
B76 Rupture traumat. de la rate
B77 Autre traumat. sang/lymph/rate
B78 Anémie hémolytique héréditaire
B79 Autre anom. congénitale sang/ lymph/rate
B80 Anémie par déficience en fer
B81 Anémie carence vit B12/ac. folique
B82 Autre anémie/indét.
B83 Purpura/défaut de coagulation
B84 Globules blancs anormaux
B87 Splénomégalie
B90 Infection par le virus HIV, SIDA
B99 Autre maladie sang/lymph/rate

Syst. Digestif
D
D01 Douleur/crampes abdominales gén.
D02 Douleur abdominale/épigastrique
D03 Brûlure/brûlant/brûlement estomac
D04 Douleur rectale/anale
D05 Démangeaisons périanales
D06 Autre douleur abdominale loc.
D07 Dyspepsie/indigestion
D08 Flatulence/gaz/renvoi
D09 Nausée
D10 Vomissement
D11 Diarrhée
D12 Constipation
D13 Jaunisse
D14 Hématémèse/vomissement de sang
D15 Méléna
D16 Saignement rectal
D17 Incontinence rectale
D18 Modification selles/mouvem. intestin
D19 S/P dents/gencives
D20 S/P bouche/langue/lèvres
D21 P. de déglutition
D23 Hépatomégalie

D24 Masse abdominale NCA
D25 Distension abdominale
D26 Peur du cancer du syst. digestif
D27 Peur d'une autre maladie digestive
D28 Limitation de la fonction/incap. (D)
D29 Autre S/P du syst. digestif
D70 Infection gastro-intestinale
D71 Oreillons
D72 Hépatite virale
D73 Gastro-entérite présumée infectieuse
D74 Cancer de l'estomac
D75 Cancer du colon/du rectum
D76 Cancer du pancréas
D77 Autre cancer digestif/NCA
D78 Tumeur bénigne/indét. du syst. dig.
D79 CE du syst. digestif
D80 Autre traumat. du syst. digestif
D81 Anom. congénitale du syst. digestif
D82 Maladie des dents/des gencives
D83 Maladie bouche/langue/lèvres
D84 Maladie de l'œsophage
D85 Ulcère duodénal
D86 Autre ulcère peptique
D87 Trouble de la fonction gastrique
D88 Appendicite
D89 Hernie inguinale
D90 Hernie hiatale
D91 Autre hernie abdominale
D92 Maladie diverticulaire
D93 Syndrome du colon irritable
D94 Entérite chronique/colite ulcéreuse
D95 Fissure anale/abcès périanal
D96 Vers/autre parasite
D97 Maladie du foie NCA
D98 Cholécystite/cholélithiase
D99 Autre maladie du syst. Digestif

CODES PROCÉDURE SYMPTÔMES ET PLAINTES INFECTIONS NÉOPLASMES TRAUMATISMES ANOMALIES CONGÉNITALES AUTRES DIAGNOSTICS

Oeil
F
F01 Oeil douloureux
F02 Oeil rouge
F03 Ecoulement de l'œil
F04 Taches visuelles/flottantes
F05 Autre perturbation de la vision
F13 Sensation oculaire anormale
F14 Mouvements oculaires anormaux
F15 Apparence anormale de l'œil
F16 S/P de la paupière
F17 S/P lunettes
F18 S/P lentilles de contact
F27 Peur d'une maladie de l'œil
F28 Limitation de la fonction/incap. (F)
F29 Autre S/P de l'œil
F70 Conjonctivite infectieuse
F71 Conjonctivite allergique
F72 Blépharite, orgelet, chalazion
F73 Autre infection/inflammation de l'œil
F74 Tumeur de l'œil et des annexes
F75 Contusion/hémorragie de l'œil
F76 CE dans l'œil
F79 Autre lésion traumat. de l'œil
F80 Sténose canal lacrymal de l'enfant
F81 Autre anom. congénitale de l'œil
F82 Décollement de la retire
F83 Rétinopathie
F84 Dégénérescence maculaire
F85 Ulcère de la cornée
F86 Trachome
F91 Défaut de réfraction
F92 Cataracte
F93 Glaucome
F94 Cécité

F95 Strabisme
F99 Autre maladie de l'œil/annexes

Oreille
H
H01 Douleur d'oreille/otalgie
H02 P. d'audition
H03 Acouphène/bourdonnement d'oreille
H04 Ecoulement de l'oreille
H05 Saignement de l'oreille
H13 Sensation d'oreille bouchée
H15 Préoc. par l'aspect des oreilles
H27 Peur d'une maladie de l'oreille
H28 Limitation de la fonction/incap. (H)
H29 Autre S/P de l' oreille
H70 Otite externe
H71 Otite moyenne aiguë/myringite
H72 Otite moyenne séreuse
H73 Salpingite d'eustache
H74 Otite moyenne chronique
H75 Tumeur de l'oreille
H76 CE dans l'oreille
H77 Perforation du tympan
H78 Lésion traumat. superf. de l'oreille
H79 Autre lésion traumat. de l'oreille
H80 Anom. congénitale de l'oreille
H81 Excès de cérumen
H82 Syndrome vertigineux
H83 Otosclérose
H84 Presbyacousie
H85 Traumatisme sonore
H86 Surdité
H99 Autre maladie de l'oreille/ mastoïde

Cardio-vasculaire
K
K01 Douleur cardiaque
K02 Oppression/constriction cardiaque
K03 Douleur cardiovasculaire NCA

K04 Palpitat./perception battements card.
K05 Autre battement cardiaque irrégulier
K06 Veines proéminentes
K07 Oedème, gonflement des chevilles
K22 Facteur risque mal. cardio-vasculaire
K24 Peur d'une maladie de cœur
K25 Peur d' de l'hypertension
K27 Peur autre maladie cardio-vasculaire
K28 Limitation de la fonction/incap. (K)
K29 Autre S/P cardiovasculaire
K70 Infection du syst. cardio-vasculaire
K71 RAA/maladie cardiaque rhumatismale
K72 Tumeur cardio-vasculaire
K73 Anom. congénitale cardio-vasculaire
K74 Cardiopathie ischémique avec angor
K75 Infarctus myocardique aigu
K76 Cardiopathie ischémique sans angor
K77 Décompensation cardiaque
K78 Fibrillation auriculaire/flutter
K79 Tachycardie paroxystique
K80 Arythmie cardiaque NCA
K81 Souffle cardiaque/artériel NCA
K82 Cœur pulmonaire
K83 Valvulopathie NCA
K84 Autre maladie cardiaque
K85 Pression sanguine élevée
K86 Hypertension non compliquée
K87 Hypertension avec complication
K88 Hypotension orthostatique
K89 Ischémie cérébrale transitoire
K90 Accident vasculaire cérébral
K91 Maladie cérébrovasculaire
K92 Athéroscl./mal. vasculaire périphér.
K93 Embolie pulmonaire
K94 Phlébite et thrombophlébite
K95 Varices des jambes
K96 Hémorroïdes
K99 Autre maladie cardio-vasculaire

Ostéo-articulaire
L
L01 S/P du cou
L02 S/P du dos
L03 S/P des lombes
L04 S/P du thorax
L05 S/P du flanc et du creux axillaire
L07 S/P de la mâchoire
L08 S/P de l'épaule
L09 S/P du bras
L10 S/P du coude
L11 S/P du poignet
L12 S/P de la main et du doigt
L13 S/P de la hanche
L14 S/P de la jambe et de la cuisse
L15 S/P du genou
L16 S/P de la cheville
L17 S/P du pied et de l'orteil
L18 Douleur musculaire
L19 S/P musculaire NCA
L20 S/P d'une articulation NCA
L26 Peur cancer syst. ostéo-articulaire
L27 Peur autre maladie syst. ostéo-articul.
L28 Limitation de la fonction/incap. (L)
L29 Autre S/P ostéo-articulaire
L70 Infection du syst. ostéo-articulaire
L71 Cancer du syst. ostéo-articulaire
L72 Fracture du radius/du cubitus
L73 Fracture du tibia/du péroné
L74 Fracture de la main/du pied
L75 Fracture du fémur
L76 Autre fracture
L77 Entorse de la cheville
L78 Entorse du genou
L79 Entorse articulaire NCA
L80 Luxation et subluxation
L81 Lésion traumat. NCA ostéo-articulaire
L82 Anom. congénitale ostéo-articulaire
L83 Syndrome cervical

L84 Syndr. dorso-lomb. sans irradiation
L85 Déformation acquise de la colonne
L86 Syndr. dorso-lombaire et irradiation
L87 Bursite, tendinite, synovite NCA
L88 Polyarthrite rhumatoïde séropositive
L89 Coxarthrose
L90 Gonarthrose
L91 Autre arthrose
L92 Syndrome de l'épaule
L93 Coude du joueur de tennis
L94 Ostéochondrose
L95 Ostéoporose
L96 Lésion aiguë interne du genou
L97 Autre tumeur bén./indét. ostéo-artic.
L98 Déformation acquise membres inf.
L99 Autre maladie ostéo-articulaire

Neurologique
N
N01 Mal de tête
N03 Douleur de la face
N04 Jambes sans repos
N05 Fourmillements doigts, pieds, orteils
N06 Autre perturbation de la sensibilité
N07 Convulsion/crise comitiale
N08 Mouvements involontaires anormaux
N16 Perturbation du goût/de l'odorat
N17 Vertige/étourdissement
N18 Paralysie/faiblesse
N19 Trouble de la parole
N26 Peur d'un cancer neurologique
N27 Peur d'une autre maladie neurologique
N28 Limitation de la fonction/incap. (N)
N29 Autre S/P neurologique
N70 Poliomyélite
N71 Méningite/encéphalite NCA
N72 Tétanos
N73 Autre infection neurologique
N74 Cancer du syst. neurologique

N75 Tumeur bénigne neurologique
N76 Autre tumeur indét. neurologique
N79 Commotion
N80 Autre lésion traumat. de la tête
N81 Autre lésion traumat. neurologique
N85 Anom. congénitale neurologique
N86 Sclérose en plaque
N87 Syndrome parkinsonien
N88 Epilepsie
N89 Migraine
N90 Algie vasculaire de la face
N91 Paralysie faciale/paralysie de Bell
N92 Névralgie du trijumeau
N93 Syndrome du canal carpien
N94 Névrite/neuropathie périphérique
N95 Céphalée de tension
N99 Autre maladie neurologique

Psychologique P
P01 Sensation anxiété/nervosité/tension
P02 Réaction de stress aiguë
P03 Sensation de dépression
P04 Sentiment/comport. irritable/colère
P05 Sensation vieux, comportement sénile
P06 Perturbation du sommeil
P07 Diminution du désir sexuel
P08 Diminution accomplissement sexuel
P09 Préoccupation sur identité sexuelle
P10 Bégaiement, bredouillement, tic
P11 Trouble de l'alimentation de l'enfant
P12 Enurésie
P13 Encoprésie
P15 Alcoolisme chronique
P16 Alcoolisation aiguë
P17 Usage abusif du tabac
P18 Usage abusif de médicament
P19 Usage abusif de drogue
P20 Perturbation de la mémoire
P22 S/P du comportement de l'enfant

P23 S/P du comportement de l'adolescent
P24 P. spécifique de l'apprentissage
P25 Problèmes de phase de vie adulte
P27 Peur d'un trouble mental
P28 Limitation de la fonction/incap. (P)
P29 Autre S/P psychologique
P70 Démence
P71 Autre psychose organique
P72 Schizophrénie
P73 Psychose affective
P74 Trouble anxieux/état anxieux
P75 Trouble somatoforme
P76 Dépression
P77 Suicide/tentative de suicide
P78 Neurasthénie, surmenage
P79 Phobie, trouble obsessionnel compulsif
P80 Trouble de la personnalité
P81 Trouble hyperkinétique
P82 Syndrome de stress post-traumatique
P85 Retard mental
P86 Anorexie mentale, boulimie
P98 Autre psychose NCA
P99 Autre trouble psychologique

Respiratoire
R
R01 Douleur du syst. respiratoire
R02 Souffle court, dyspnée
R03 Sibilance
R04 Autre P. respiratoire
R05 Toux
R06 Saignement de nez, épistaxis
R07 Congestion nasale, éternuement
R08 Autre S/P du nez
R09 S/P des sinus
R21 S/P de la gorge
R23 S/P de la voix
R24 Hémoptysie
R25 Expectoration/glaire anormale

R26 Peur d'un cancer du syst. respiratoire
R27 Peur d'une autre maladie respiratoire
R28 Limitation de la fonction/incap. (R)
R29 Autre S/P respiratoire
R71 Coqueluche
R72 Streptococcie pharyngée
R73 Furoncle/abcès du nez
R74 Infection aiguë voies respiratoire sup.
R75 Sinusite aiguë/chronique
R76 Angine aiguë
R77 Laryngite, trachéite aiguë
R78 Bronchite aiguë, bronchiolite
R79 Bronchite chronique
R80 Grippe
R81 Pneumonie
R82 Pleurésie, épanchement pleural
R83 Autre infection respiratoire
R84 Cancer des bronches, du poumon
R85 Autre cancer respiratoire
R86 Tumeur respiratoire bénigne
R87 CE du nez, du larynx, des bronches
R88 Autre lésion traumat. du syst. resp.
R89 Anom. congénitale du syst. resp.
R90 Hypertrophie amygdales/végétations
R92 Autre tumeur indét. du syst. resp.
R95 Mal. pulmonaire chronique obstructive
R96 Asthme
R97 Rhinite allergique
R98 Syndrome d'hyperventilation
R99 Autre maladie respiratoire

CODES PROCÉDURE SYMPTÔMES ET PLAINTES INFECTIONS NÉOPLASMES TRAUMATISMES ANOMALIES CONGÉNITALES AUTRES DIAGNOSTICS

Peau
S
S01 Douleur/hypersensibilité de la peau
S02 Prurit
S03 Verrue
S04 Tuméfaction/gonflement loc. peau
S05 Tuméfactions/gonflements gén. peau
S06 Eruption localisée
S07 Eruption généralisée
S08 Modification de la couleur de la peau
S09 Doigt/orteil infecté
S10 Furoncle/anthrax
S11 Infection post-traumat. de la peau
S12 Piqûre d'insecte
S13 Morsure animale/humaine
S14 Brûlure cutanée
S15 CE dans la peau
S16 Ecchymose/contusion
S17 Eraflure, égratignure, ampoule
S18 Coupure/lacération
S19 Autre lésion traumat. de la peau
S20 Cor/callosité
S21 S/P au sujet de la texture de la peau
S22 S/P de l'ongle
S23 Calvitie/perte de cheveux
S24 Autre S/P cheveux, poils/cuir chevelu
S26 Peur du cancer de la peau
S27 Peur d'une autre maladie de la peau
S28 Limitation de la fonction/incap. (S)
S29 Autre S/P de la peau
S70 Zona
S71 Herpes simplex
S72 Gale/autre acariose
S73 Pédiculose/autre infestation peau
S74 Dermatophytose

S75 Moniliase/candidose de la peau
S76 Autre maladie infectieuse de la peau
S77 Cancer de la peau
S78 Lipome
S79 Autre tumeur bén./indét. de la peau
S80 Kératose actinique/coup de soleil
S81 Hémangiome/lymphangiome
S82 Naevus/naevus pigmentaire
S83 Autre anom. congénitale de la peau
S84 Impétigo
S85 Kyste/fistule pilonidal
S86 Dermatite séborrhéique
S87 Dermatite atopique/eczéma
S88 Dermatite et allergie de contact
S89 Erythème fessier
S90 Pytiriasis rosé
S91 Psoriasis
S92 Maladie des glandes sudoripares
S93 Kyste sébacé
S94 Ongle incarné
S95 Molluscum contagiosum
S96 Acné
S97 Ulcère chronique de la peau
S98 Urticaire
S99 Autre maladie de la peau

Métabol., nutrit.,endocrinien
T
T01 Soif excessive
T02 Appétit excessif
T03 Perte d'appétit
T04 P. d'alimentation nourrisson/enfant
T05 P. d'alimentation de l'adulte
T07 Gain de poids
T08 Perte de poids
T10 Retard de croissance
T11 Déshydratation
T26 Peur d'un cancer du syst. endocrinien
T27 Peur autre mal. endoc/métab./nutrit.

T28 Limitation de la fonction/incap. (T)
T29 Autre S/P endoc/métab./nutrit.,
T70 Infection du syst. endocrinien
T71 Cancer de la thyroïde
T72 Tumeur bénigne de la thyroïde
T73 Tumeur indét. du syst. endocrinien
T78 Canal/kyste thyréoglosse
T80 Anom. congénit. endoc/ métab./nutrit.
T81 Goitre
T82 Obésité
T83 Excès pondéral
T85 Hyperthyroïdie/thyréotoxicose
T86 Hypothyroïdie/myxœdème
T87 Hypoglycémie
T89 Diabète insulino-dépendant
T90 Diabète non insulino-dépendant
T91 Carence vitaminique/nutritionnelle
T92 Goutte
T93 Trouble du métabolisme des lipides
T99 Autre maladie endoc/métab./nutrit

Système Urinaire
U
U01 Dysurie/miction douloureuse
U02 Miction fréquente/impérieuse
U04 Incontinence urinaire
U05 Autre P. de miction
U06 Hématurie
U07 Autre S/P au sujet de l'urine
U08 Rétention d'urine
U13 Autre S/P de la vessie
U14 S/P du rein
U26 Peur d'un cancer du syst. urinaire
U27 Peur d'une autre maladie urinaire
U28 Limitation de la fonction/incap. (U)
U29 Autre S/P urinaire
U70 Pyélonéphrite/pyélite
U71 Cystite/autre infection urinaire
U72 Urétrite

U75 Cancer du rein
U76 Cancer de la vessie
U77 Autre cancer urinaire
U78 Tumeur bénigne du tractus urinaire
U79 Autre tumeur indét. urinaire
U80 Lésion traumat. du tractus urinaire
U85 Anom. congénitale du tractus urinaire
U88 Glomérulonéph./syndr. néphrotique
U90 Protéinurie orthostatique
U95 Lithiase urinaire
U98 Analyse urinaire anormale NCA
U99 Autre maladie urinaire

Grossesse, accouchement et PF
W
W01 Question de grossesse
W02 Peur d'être enceinte
W03 Saignement pendant la grossesse
W05 Nausée/vomissement de grossesse
W10 Contraception post-coïtale
W11 Contraception orale
W12 Contraception intra-utérine
W13 Stérilisation chez la femme
W14 Autre contraception chez la femme
W15 Stérilité - hypofertilité de la femme
W17 Saignement du post-partum
W18 Autre S/P du post-partum
W19 S/P du sein/lactation post-partum
W21 Préoc. par modific. image et grossesse
W27 Peur complications de la grossesse
W28 Limitation de la fonction/incap. (W)
W29 Autre S/P de la grossesse
W70 Infection puerpérale, sepsis
W71 Infection compliquant la grossesse
W72 Tumeur maligne avec grossesse
W73 Tumeur bénigne/indét. et grossesse
W75 Lésion traumat. et grossesse
W76 Anom. congénitale et grossesse
W78 Grossesse

W79 Grossesse non désirée
W80 Grossesse ectopique
W81 Toxémie gravidique
W82 Avortement spontané
W83 Avortement provoque
W84 Grossesse a haut risque
W85 Diabète gravidique
W90 Acc. non complique, enfant vivant
W91 Acc. non complique, enfant mort
W92 Acc. complique, enfant vivant
W93 Acc. complique, enfant mort
W94 Mastite puerpérale
W95 Autre mal. sein et grossesse/lactation
W96 Autre complication puerpérale
W99 Autre maladie de la grossesse/acc.

Syst.génital féminin et sein
X
X01 Douleur génitale chez la femme
X02 Douleur menstruelle
X03 Douleur intermenstruelle
X04 Rapport sexuel douloureux femme
X05 Menstruation absente/rare
X06 Menstruation excessive
X07 Menstruation irrégulière/fréquente
X08 Saignement intermenstruel
X09 S/P prémenstruel
X10 Ajournement des menstruations
X11 S/P liés a la ménopause
X12 Saignement de la post-ménopause
X13 Saignement post-coïtal femme
X14 Ecoulement vaginal
X15 S/P du vagin
X16 S/P de la vulve
X17 S/P du petit bassin chez la femme
X18 Douleur du sein chez la femme
X19 Tuméfaction/masse du sein femme
X20 S/P du mamelon chez la femme
X21 Autre S/P du sein chez la femme

X22 Préoc. par l'apparence des seins
X23 Peur d'une MST chez la femme
X24 Peur dysfonction sexuelle femme
X25 Peur d'un cancer génital femme
X26 Peur d'un cancer du sein femme
X27 Peur autre mal. génitale/sein femme
X28 Limitation de la fonction/incap. (X)
X29 Autre S/P génital chez la femme
X70 Syphilis chez la femme
X71 Gonococcie chez la femme
X72 Candidose génitale chez la femme
X73 Trichomonase génitale femme
X74 Mal. inflammatoire pelvienne femme
X75 Cancer du col de l'utérus
X76 Cancer du sein chez la femme
X77 Autre cancer génital chez la femme
X78 Fibrome utérin
X79 Tumeur bénigne du sein femme
X80 Tumeur bénigne génitale femme
X81 Autre tumeur génitale indét. femme
X82 Lésion traumat. génitale femme
X83 Anom. génitale congénitale femme
X84 Vaginite/vulvite NCA
X85 Maladie du col de l'utérus NCA
X86 Frottis de col anormal
X87 Prolapsus utero-vaginal
X88 Maladie fibrokystique du sein
X89 Syndrome de tension prémenstruelle
X90 Herpes génital chez la femme
X91 Condylome acuminé chez la femme
X92 Infection génitale chlamydia femme
X99 Autre maladie génitale de la femme

Syst. génital masculinet sein
Y
Y01 Douleur du pénis
Y02 Douleur des testicules, du scrotum
Y03 Ecoulement urétral chez l'homme
Y04 Autre S/P du pénis

Y05 Autre S/P des testicules/du scrotum
Y06 S/P de la prostate
Y07 Impuissance sexuelle NCA
Y08 Autre S/P fonction sexuelle homme
Y10 Stérilité, hypofertilité de l'homme
Y13 Stérilisation de l'homme
Y14 Autre PF chez l'homme
Y16 S/P du sein chez l'homme
Y24 Peur dysfonction sexuelle homme
Y25 Peur d'une MST chez l'homme
Y26 Peur d'un cancer génital homme
Y27 Peur autre maladie génitale homme
Y28 Limitation de la fonction/incap. (Y)
Y29 Autre S/P génitale chez l'homme
Y70 Syphilis chez l'homme
Y71 Gonococcie chez l'homme
Y72 Herpes génital chez l'homme
Y73 Prostatite/vésiculite séminale
Y74 Orchite/épididymite
Y75 Balanite
Y76 Condylome acuminé chez l'homme
Y77 Cancer de la prostate
Y78 Autre cancer génital chez l'homme
Y79 Autre tum. génit. bén./indét. homme
Y80 Lésion traumat. génitale homme
Y81 Phimosis/hypertrophie du prépuce
Y82 Hypospadias
Y83 Ectopie testiculaire
Y84 Autre anom. congénitale homme
Y85 Hypertrophie bénigne de la prostate
Y86 Hydrocèle
Y99 Autre maladie génitale chez l'homme

Social
Z
Z01 Pauvreté/P. économique
Z02 P.d'eau/de nourriture
Z03 P. d'habitat/de voisinage
Z04 P. socioculturel

Z05 P. de travail
Z06 P. de non emploi
Z07 P. d'éducation
Z08 P. de protection sociale
Z09 P. légal
Z10 P. relatif au syst. de soins de santé
Z11 P. du fait d'être malade/compliance
Z12 P. de relation entre partenaires
Z13 P. de comportement du partenaire
Z14 P. du à la maladie du partenaire
Z15 Perte/décès du partenaire
Z16 P. de relation avec un enfant
Z18 P. du à la maladie d'un enfant
Z19 Perte/décès d'un enfant
Z20 P. relation autre parent/famille
Z21 P. comportem. autre parent/famille
Z22 P. du à la mal. autre parent/famille
Z23 Perte/décès autre parent/famille
Z24 P. de relation avec un ami
Z25 Agression/évènement nocif NCA
Z27 Peur d'un P. social
Z28 Limitation de la fonction/incap. (Z)
Z29 P. social NCA

Abréviations
ou
Acc.
Accouchement
Anom
Anomalie
Bén.
Bénin (igne)
CE
Corps étranger
Gén
Généralisé(e)
Incap
Incapacité
Indét

Indéterminé(e)
Loc.
Localisé(e)
Mal.
Maladie
MST
Maladie sexuellement transmissible
NCA
Non classé ailleurs
P.
Problème
Préoc
Préoccupé(e)
RAA
Rhumatisme articulaire aigu
S/P
Symptôme ou plainte
Sec.
Secondaire
Subs
Substance
Syndr
Syndrome
Tum.
Tumeur

Traducteurs:Michel Roland etMarc Jamoulle

Annexe 3 : Répartition géographique des investigateurs ECOGEN

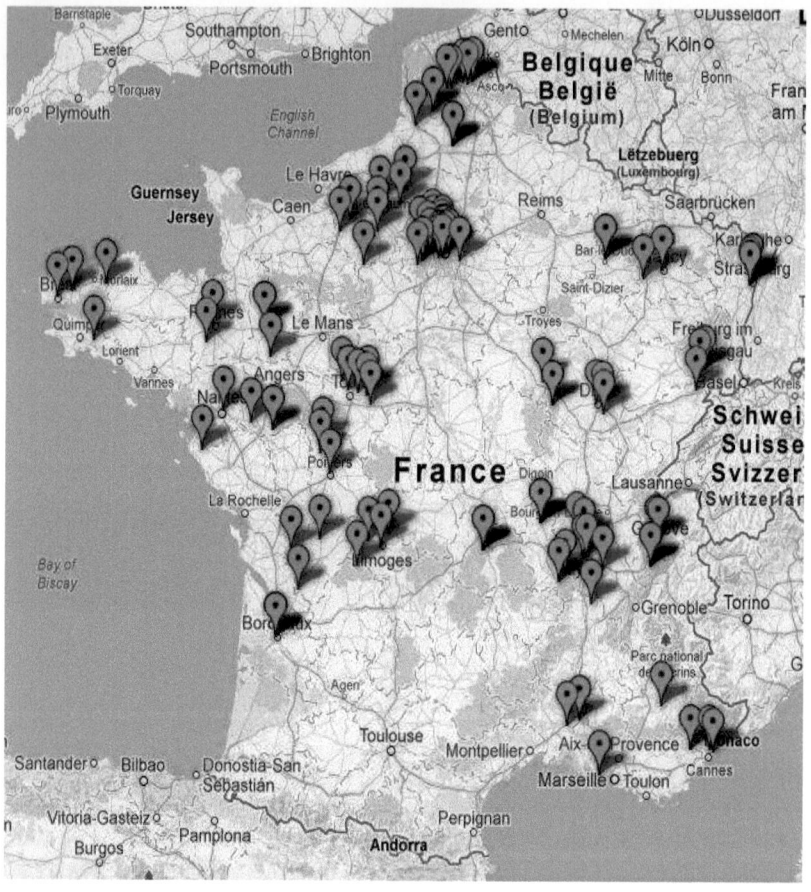

Annexe 4 : Tendances de recherche Google

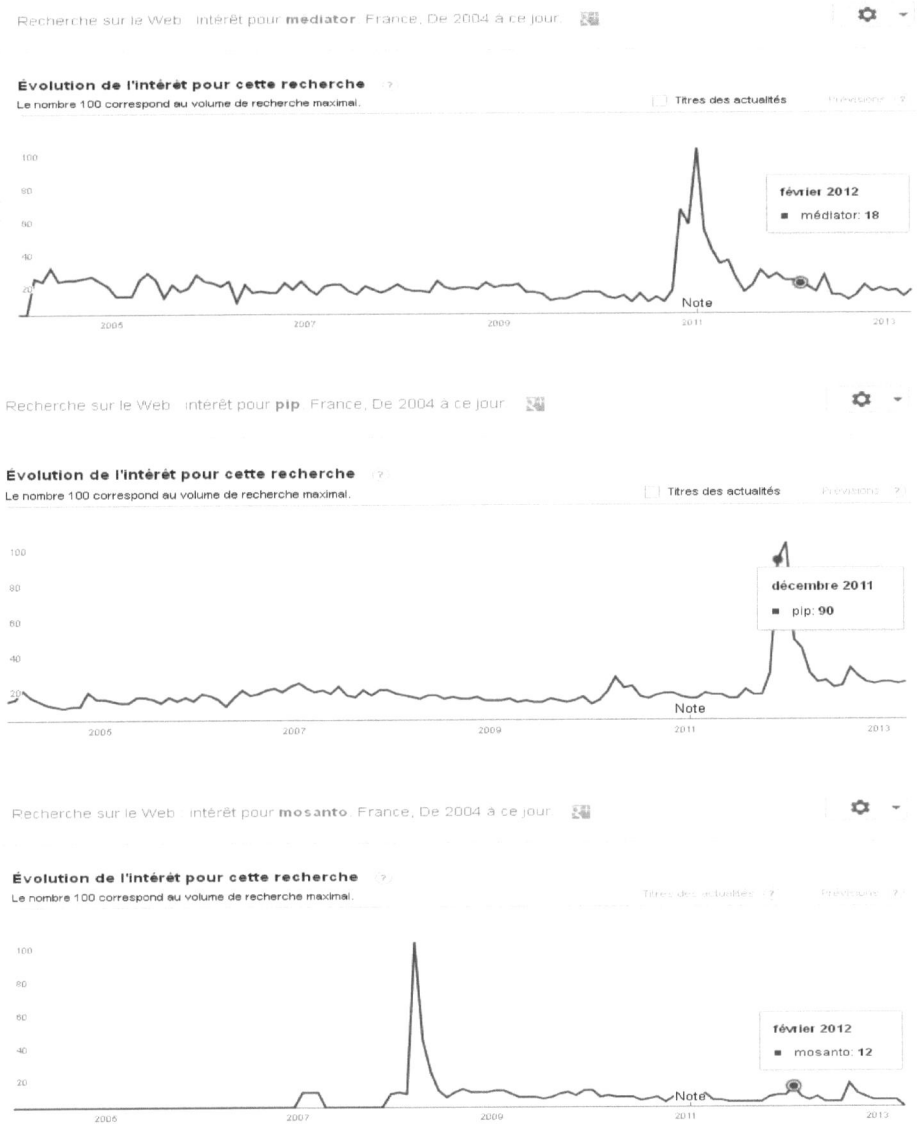

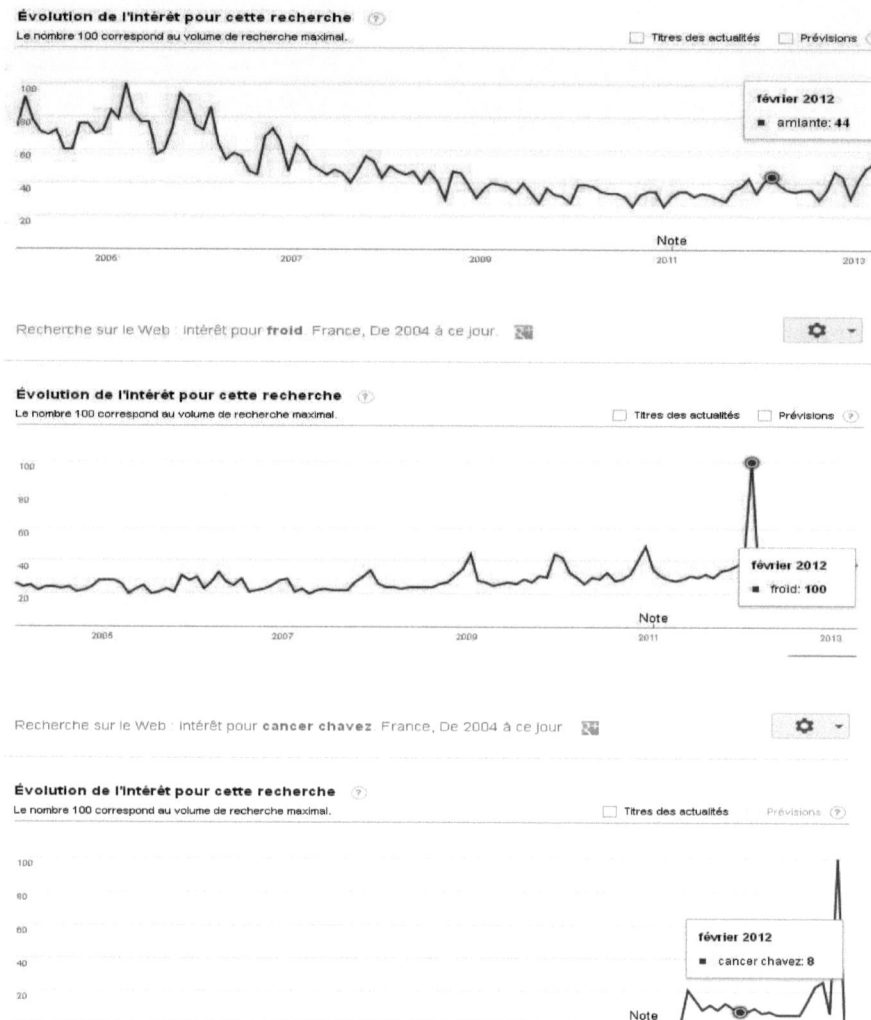

Recherche sur le Web : intérêt pour **cancer lula**. France, De 2004 à ce jour.

Volume de recherche insuffisant pour afficher des graphiques

Suggestions :
- Assurez-vous que tous les mots sont orthographiés correctement.
- Essayez des termes de recherche différents.
- Essayez des termes de recherche plus génériques.
- Essayez d'utiliser moins de termes de recherche.
- Essayez de rechercher des données pour toutes les années et toutes les régions.

Recherche sur le Web : intérêt pour **cancer mauroy**. France, De 2004 à ce jour.

Volume de recherche insuffisant pour afficher des graphiques

Suggestions :
- Assurez-vous que tous les mots sont orthographiés correctement.
- Essayez des termes de recherche différents.
- Essayez des termes de recherche plus génériques.
- Essayez d'utiliser moins de termes de recherche.
- Essayez de rechercher des données pour toutes les années et toutes les régions.

Recherche sur le Web : intérêt pour **malaise rocard**. France, De 2004 à ce jour.

Volume de recherche insuffisant pour afficher des graphiques

Suggestions :
- Assurez-vous que tous les mots sont orthographiés correctement.
- Essayez des termes de recherche différents.
- Essayez des termes de recherche plus génériques.
- Essayez d'utiliser moins de termes de recherche.
- Essayez de rechercher des données pour toutes les années et toutes les régions.

Recherche sur le Web : intérêt pour **maladie chirac**. France, De 2004 à ce jour.

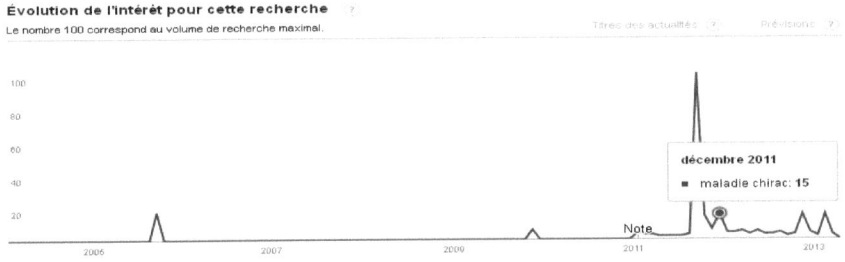

Évolution de l'intérêt pour cette recherche
Le nombre 100 correspond au volume de recherche maximal.

décembre 2011
maladie chirac : 15

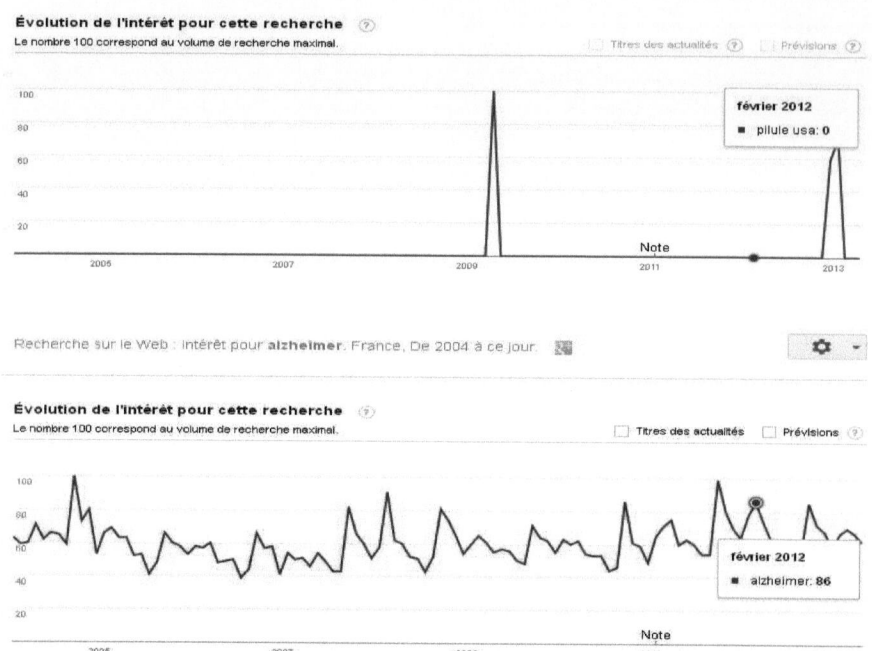

Oui, je veux morebooks!

I **want** morebooks!

Buy your books fast and straightforward online - at one of the world's fastest growing online book stores! Environmentally sound due to Print-on-Demand technologies.

Buy your books online at
www.get-morebooks.com

Achetez vos livres en ligne, vite et bien, sur l'une des librairies en ligne les plus performantes au monde!
En protégeant nos ressources et notre environnement grâce à l'impression à la demande.

La librairie en ligne pour acheter plus vite
www.morebooks.fr

VDM Verlagsservicegesellschaft mbH
Heinrich-Böcking-Str. 6-8   info@vdm-vsg.de
D - 66121 Saarbrücken   Telefax: +49 681 93 81 567-9   www.vdm-vsg.de

Printed by Books on Demand GmbH, Norderstedt / Germany